Inhalt

Öl- und Gasboom in Amerika - Wird der Traum von unabhängiger, preiswerter Energie wahr?

Kernthesen

Beitrag

Fallbeispiele

Zahlen und Fakten

Weiterführende Literatur

Impressum

Öl- und Gasboom in Amerika - Wird der Traum von unabhängiger, preiswerter Energie wahr?

Anja Schneider

Kernthesen

- Fracking ermöglicht es in den USA vermehrt, unkonventionelle Vorkommen an Erdgas und Erdöl zu erschließen.
- Infolgedessen steigt das heimische Angebot an Öl und Gas.
- Bei Erdgas produziert das Land heute schon so viel, wie es verbraucht.

- Die USA könnten sich in Kürze vom Ölimporteur zum Ölexporteur entwickeln.
- Amerikas Wirtschaft erholt sich zusehends und das Land sieht seine Energieunabhängigkeit greifbar.

Beitrag

Fracking setzt Ölboom in Amerika in Gang

J.R. Ewing alias Larry Hagman ist tot (der Schauspieler starb am 23. November 2012) - doch die amerikanische Ölindustrie feiert ihre Wiederauferstehung. Das Schwarze Gold Amerikas sprudelt wieder. Neue Bohrtürme wachsen in Texas, North Dakota, Oklahoma, Ohio, Pennsylvania, Utah, Colorado aus dem amerikanischen Boden. Grundbesitzer werden zu Millionären. Preiswertes Gas und Öl beflügelt die Wirtschaft und rückt den amerikanischen Traum von der Energieunabhängigkeit in greifbare Nähe.

Ein Beispiel: Der Bakken ist eine Felsformation unter der Erde North Dakotas auf einer Fläche von fast 65 000 Quadratkilometern. In seinem Gestein lagern vier Billionen Liter Öl. Dieses Öl wird nun gefördert.

Innerhalb der vergangenen fünf Jahre hat sich die Ölproduktion in Nord Dakota auf rund 570 000 Barrel (90,6 Millionen Liter) pro Tag verfünffacht. Damit wird dort heute mehr gefördert als im OPEC-Land Ecuador. (1), (2)

Möglich macht dies die neue Bohrtechnik hydraulische Frakturierung, also das so genannte Fracking. Sie wurde 2003 vom Texaner Jim Henry getestet und hat mittlerweile in den USA einen Siegeszug angetreten. Dabei wird mit hydraulischem Druck unter Einsatz von Wasser, Sand und Chemikalien Schiefergestein aufgebrochen und das darin vorhandene Öl oder Erdgas freigesetzt. Kombiniert wird dies mit einer horizontalen Bohrtechnik, bei der der Bohrer nicht mehr nur senkrecht tief in die Erde dringt, sondern einen rechten Winkel macht und so deutlich größere Ressourcen erschließt. (2)

Das Fracking ermöglicht es, auch unkonventionelle Vorkommen an Erdgas und Erdöl, etwa in Schiefergestein und Ölsanden, zu erschließen. Schon träumt die Energiebranche davon, dass sich bald auch Öl- und Gasvorräte in schwer zugänglichen Regionen wie in der Arktis oder in der Tiefsee ausbeuten lassen. Die Statistiken über die Höhe der Reserven der USA werden jedenfalls schon mal optimistisch nach oben geschraubt. [Abb. 1]

Rückt das Ende des Ölzeitalters in weite Ferne -

getreu dem Motto Totgesagte leben länger? Und winkt den Vereinigten Staaten von Amerika dadurch vielleicht sogar die seit Präsident Nixon ersehnte Energieunabhängigkeit?

Politische und wirtschaftliche Folgen

Das heimische Angebot an Öl und Gas in den USA steigt. Der vor kurzem erschienene Annual Energy Outlook 2013 der US-amerikanischen Energy Information Administration (EIA) sagt voraus, dass die Rohölproduktion und Erdgasproduktion der Vereinigten Staaten in den nächsten zehn Jahren stark ansteigen werden. Bis 2020 werden die Netto-Importe von Energie von 19 Prozent auf 9 Prozent abnehmen. (3)

Erdgas: Bei Erdgas produziert das Land heute schon so viel, wie es verbraucht. Mit einem Anteil von 37 Prozent am Weltmarkt haben die Amerikaner Russland als größten Erdgasproduzenten überholt. In Zukunft werden sie Erdgas auch exportieren können, wenn die nötige Infrastruktur geschaffen ist (z.B. zur Verflüssigung von Erdgas). Seit Anfang 2009 ist die Erdgasförderung der USA um ein Fünftel gestiegen. 2011 förderten die USA rund 600 Milliarden Kubikmeter heimisches Gas. 2040 könnte es dann etwa eine Billion Kubikmeter im Jahr sein. Schiefer-Gas macht derzeit ein Drittel der Gasproduktion aus, in dreißig Jahren soll es den US-Gaskonsum zu 50 Prozent decken. (2), (4), (5), (6)

Erdöl: Die Internationale Energieagentur IEA schätzt, dass die USA im Jahr 2020 - also in nur sieben Jahren - Saudi-Arabien als Weltmarktführer der Ölproduktion überholen wird. Der BP Energy Report ist auch optimistisch, sieht die USA allerdings 2020 auf Rang zwei. [Abb. 2]

Die USA könnten sich vom Ölimporteur zum Ölexporteur entwickeln. Das hat politische Folgen. Denn Energieunabhängigkeit bedeutet auch das Ende der Abhängigkeit vom Öl aus dem Nahen Osten. Dies wiederum stellt ein Interesse Amerikas an fortgesetztem politischem Engagement oder gar militärischer Präsenz in dieser Krisenregion in Frage. Schon heute importieren die USA nur noch 20 Prozent ihres Bedarfs aus dem Nahen Osten. Bei China dagegen ist es heute die Hälfte und 2020 sind es mehr als 75 Prozent. (2)

Bereits heute spürbar werden die wirtschaftlichen Folgen. Von Re-Industrialisierung und Renaissance der verarbeitenden Industrie ist die Rede. In der Tat befindet sich nach Finanz- und Wirtschaftskrise Amerikas Wirtschaft in einem moderaten Wachstumsprozess. Das Bruttoinlandsprodukt dürfte in diesem Jahr real um rund zwei Prozent zulegen. Das ist freilich weit von Chinas Wachstum von über sieben Prozent entfernt, doch immerhin besser als Europas Aussicht auf nahezu Stagnation. Die Energiepreise fallen. Erdgas ist für US-Konsumenten heute um 85 Prozent billiger als im Sommer 2008 und kostet nur noch ein Viertel so viel wie in Europa. Erdöl ist für 18 Prozent weniger zu haben als im Rest der Welt. (5), (7)

Wenn Energie billiger ist, können Unternehmen der verarbeitenden Industrie preiswerter produzieren. Unternehmen mit energieintensiver Produktion wie beispielsweise Stahl oder Chemie werden entlastet. Die Industriekonzerne machen mehr Umsatz, fahren satte Gewinne ein und investieren mehr. Es ist bereits zu beobachten, dass wieder Produktionskapazitäten vor der eigenen Haustür aufgebaut werden. (7)

Vom Fracking-Boom in den USA profitieren Energieversorger, Ausrüster, Konstrukteure von Pipelines, Gasverflüssigungsanlagen und LNG-Terminals sowie Energiedienstleister wie Schlumberger, Halliburton oder Baker Hughes. Schlumberger beispielsweise besitzt weltweit mit die größte Fracking-Bohrflotte. (8)

Günstigere Energie könnte sich auch für den Konsum positiv auswirken. Wenn der Verbraucher weniger für Heizung, Strom oder Benzin bezahlen muss, kann er mehr konsumieren. Der Energie-Boom bringt der US-

Wirtschaft laut einer Studie der Citigroup in wenigen Jahren jährlich bis zu 624 Milliarden Dollar durch Investitionen in Bohrtürme oder Leitungen, Multiplikationseffekte wie Investitionen in andere Branchen sowie höhere Einkommen der Verbraucher. (7)

Im Energiemix der USA ergeben sich zudem Verschiebungen. Immer mehr Stromerzeuger rüsten ihre Kraftwerke von Kohle auf Erdgas um. Der Kohleverbrauch der USA hat sich im Vergleich zum Jahr 2008 um 27 Prozent reduziert. 2012 setzten die Amerikaner erstmals mehr Gas als Kohle zur Stromproduktion ein. Nebeneffekt: Je Kilowattstunde Strom wird deutlich weniger CO_2 in die Atmosphäre geblasen als bisher. (5)

Traue keiner Statistik &

Freilich werden inmitten der Boomeuphorie auch kritische Stimmen laut. So warnt die Bundesanstalt für Geowissenschaften und Rohstoffe (BGR) in Hannover davor, den Statistiken über die Reserven an unkonventionellen Vorkommen an Öl und Gas zu viel Glauben zu schenken. Die meisten vermuteten Vorkommen müssten erst noch untersucht und bestätigt werden. Auch hinter die Schätzungen der USA ist ein Fragezeichen zu setzen. (9)

Hoher Wasserverbrauch und Risiken für Gesundheit und Umwelt

In Deutschland warnen die Experten vor laschem Umgang mit Fracking. Der Präsident des Umweltbundesamtes rät davon ab, Fracking großflächig zur Erschließung unkonventioneller Erdgasvorkommen einzusetzen, weil Fracking unter bestimmten Umständen das Grundwasser gefährden kann. (10)

Auch in den USA setzen sich immer mehr Bürger zur Wehr. Vor allem in bevölkerungsreicheren Gegenden wie Pennsylvania regt sich Widerstand. Die Menschen wissen um die Risiken des Frackings für Gesundheit und Umwelt. Sie sind informiert über die drohende Chemikalienverseuchung des Trinkwassers und den enormen Wasserverbrauch. Die 2011 vorgenommenen 35 000 Bohrungen haben den USA zwar den höchsten Stand der heimischen Öl- und Gasvorräte seit 14 Jahren beschert, aber die US-Umweltschutz-Agentur schätzt den Wasserverbrauch dafür auf 266 bis 532 Milliarden Liter. Dies macht offenbar auch der Branche selbst ein wenig Sorgen. Denn Wasser wird teurer. Und so denkt die Industrie darüber nach, wie das kontaminierte Wasser am besten entsorgt werden kann und wie das Wasser wiederverwendet werden kann. Der Dienstleister Schlumberger jedenfalls hat erklärt, dass das Recycling des Wassers "strategische Bedeutung" für die weitere Öl- und Gasförderung mit Hilfe von Fracking habe. (11)

Trends

Großbritannien auf Spuren der USA

Großbritannien hat die Warnungen jetzt in den Wind geschlagen und dem Fracking grünes Licht erteilt. Der Nordwesten von England soll mehr Erdgas als der gesamte Irak besitzen. Geologen gehen davon aus, dass in britischen Gesteinen so große Reserven an Öl und Gas schlummern, dass nur zehn Prozent davon den Bedarf für die nächsten 50 Jahre decken könnten. (8), (12)

Fallbeispiele

Dow Chemical investiert am Golf von Mexiko anstatt im Mittleren Osten: Neue Produktionsanlagen, die aus Erdgas Ethylene und andere synthetische Materialien gewinnen, will Dow bauen, bis 2017 sollen sie fertig sein, vier Milliarden Dollar werden sie kosten.

Chevron Philipps Chemical will neue Fertigungsstätten in den USA bauen.

Stahlproduzent **Nucor** baut für 750 Millionen Dollar ein neues Werk am Mississippi. (7)

Bergbauunternehmen **Freeport McMoRan**, bisher tätig im Gold- und Kupferbereich, kündigte die Akquisitionen zweier Erdöl- und Erdgasunternehmen in den USA an.

Auch andere Bergbauunternehmen wie **BHP Billiton** haben mittlerweile Ölunternehmen in den USA übernommen. (13)

ExxonMobil will ein Ölfeld vor der kanadischen Küste erschließen und über 10 Milliarden Euro investieren. (14)

Zahlen & Fakten

Abbildung 1: Vorkommen von Erdgas 2012 weltweit

Land	Konventionelle *	Unkonventionelle

	Resourcen in Billionen Kubikmetern 2012	**
Nordamerika	45	92
Lateinamerika	23	50
Europa	22	16
Osteuropa/Eurasien	136	94
Mittlerer Osten	116	23
Afrika	26	38
Asien/Pazifik	33	83

* Herkömmliche Erdgasförderung.

** Erdgas in Schiefer, Sandstein, Kohleflözen.

Quelle: IEA

Entnommen aus: Manager Magazin, 02/2012, S. 69 (15)

Abbildung 2: USA bis 2020 weltweit auf Rang 2 bei Ölförderung?

	Produktion	Produktions-kapazität

Rang	Land	2011 in Millionen Barrel pro Tag	2020 *
1	Saudi-Arabien	11,2	13,2
2	Russland	10,3	10,6
3	USA	7,8	11,6
4	Iran	4,3	3,4
5	China	4,1	4,5
6	Kanada	3,5	5,5
7	Vereinigte Arabische Emirate	3,3	3,4
8	Kuwait	2,9	3,4
9	Irak	2,8	7,6
10	Venezuela	2,7	3,2
11	Nigeria	2,5	2,8
12	Brasilien	2,2	4,5

* Erdölförderung und Förderkapazität.

Quelle: BP Energy Report, Leonardo Maugeri (Prognose)

Entnommen aus: Wirtschaftswoche, Lücke geschlossen, Heft 44/2012 vom 29.10.2012 , S. 32 (16)

Weiterführende Literatur

(1) Lockruf des Öls
aus STERN Nr.49 vom 29.11.2012, Seite 76-90

(2) Das große Bohren
aus Stuttgarter Nachrichten, 27.12.2012, S. 3

(3) WELT OPEC erwartet leichte Verbrauchszuwächse
aus Erdöl Erdgas Kohle, Heft 01/2013, S. 12

(4) IEA erwartet weltweites Wachstum beim Erdgas
aus energate vom 13.11.2012

(5) USA werden zu Saudi-Amerika
aus Freie Presse, 27.12.2012, S. 3

(6) Energieausblick USA: Gas statt Kohle
aus neue energie, Heft 01/2013, S. 77

(7) So viel Gewinn wie nie zuvor
aus Handelsblatt Nr. 005 vom 08.01.2013 Seite 014

(8) Führend im Fracking
aus Handelsblatt Nr. 005 vom 08.01.2013 Seite 015

(9) Zahlenspiel mit Unbekannten
aus Süddeutsche Zeitung, 05.01.2013, Ausgabe München, Bayern, Deutschland, S. 24-25-25-25

(10) Zweifel an Fracking-Bedarf UBA-Präsident ist wegen einer insgesamt gesicherten Gasversorgung

skeptisch
aus ZfK-Zeitung für kommunale Wirtschaft, Heft 01/2013, S. 1

(11) Wasser-Recycling bei US-Schiefergasproduktion
aus www.powernews.org Meldung vom 29.11.2012 - 10:31

(12) Grünes Licht für Fracking
aus www.powernews.org Meldung vom 19.12.2012 - 11:13

(13) Ein Cowboy verprellt New Yorks Finanzwelt
aus Neue Zürcher Zeitung 11.12.2012, Nr. 289, S. 31

(14) Ölfelder vor Kanada. Exxon hofft auf großen Fund und investiert Milliarden
aus Neue Zürcher Zeitung 11.12.2012, Nr. 289, S. 31

(15) International: Vorkommen von Erdgas 2012
aus Manager Magazin, 02/2012, S. 69

(16) International: Top 12 Ölförderländer 2011, 2020
aus Wirtschaftswoche, 44/2012, S. 32

Impressum

Öl- und Gasboom in Amerika - Wird der Traum von unabhängiger, preiswerter Energie wahr?

Bibliografische Information der deutschen Nationalbibliothek

Die Deutsche Nationalbibliothek verzeichnet diese Publikation in der deutschen Nationalbibliografie; detaillierte bibliografische Daten sind im Internet über http://dnb.d-nb.de abrufbar.

ISBN: 978-3-7379-2389-7

© 2015 GBI-Genios Deutsche Wirtschaftsdatenbank GmbH, Freischützstraße 96, 81927 München, www.genios.de

Alle Rechte vorbehalten. Dieses Werk ist einschließlich aller seiner Teile – z.B. Texte, Tabellen und Grafiken - urheberrechtlich geschützt. Jede Verwertung außerhalb der Grenzen des Urheberrechtsgesetzes bedarf der vorherigen Zustimmung des Verlags. Dies gilt insbesondere auch für auszugsweise Nachdrucke, fotomechanische Vervielfältigungen (Fotokopie/Mikroskopie), Übersetzungen, Auswertungen durch Datenbanken oder ähnliche Einrichtungen und die Einspeicherung und Verarbeitung in elektronischen Systemen.